PROMENADES DANS LES JARDINS ET LE PARC DE VERSAILLES

Alain Baraton

Préface de Béatrix Saule
Directeur du musée national
des châteaux de Versailles et de Trianon

> Chère Estelle,
> Cher Patrick,
> C'est avec regret que nous voyons partir nos sympathiques voisins… Nous vous souhaitons à vous et vos enfants le meilleur dans votre nouvelle vie.
> Nous espérons surtout vous revoir bientôt !
> Amicalement,
> Françoise & Stéphane

Sommaire

Préface ... 5
Avant-propos ... 7

Promenades de l'est vers l'ouest et du sud vers le nord — 12

Le parterre d'Eau ... 14
Le parterre de Latone ... 16
L'Allée royale et le Char d'Apollon ... 20
Le Grand Canal ... 24
L'Orangerie royale et la pièce d'eau des Suisses ... 26
Le parterre du Midi et le parterre du Nord ... 30
L'allée d'Eau ... 32
Les bassins du Dragon et de Neptune ... 34
L'Arc de Triomphe et les Trois Fontaines ... 36

Promenades dans les allées et les bosquets — 38

La salle de Bal et le bosquet de la Reine ... 40
Les bosquets du Rond vert et de l'Étoile ... 42
Le bosquet des Bains d'Apollon ... 43
Les bosquets de la Girandole et du Dauphin ... 46
Le jardin du Roi ... 47
La Colonnade ... 48
Le bosquet de la salle des Marronniers ... 52
Le bosquet des Dômes ... 53
Le bosquet de l'Encelade ... 54
Le bosquet de l'Obélisque et les bassins des Quatre Saisons ... 56

Promenades dans le parc de Versailles et le domaine de Trianon — 60

Le parc de Versailles ... 62
Le domaine de Trianon ... 64
Les parterres du Grand Trianon ... 66
Le parc du Grand Trianon ... 68
Les jardins du Petit Trianon ... 70
Le hameau de la Reine ... 74

Les saisons du jardinier — 78

La nymphe Syrinx, par Simon Mazière.

Jean-Baptiste Martin, dit l'Ancien,
*Vue de l'Orangerie, des escaliers
des Cents Marches et du château
de Versailles vers 1665*, XVIIIe siècle,
huile sur toile, Versailles,
châteaux de Versailles et de Trianon.

Préface

Béatrix Saule
Directeur du musée national
des châteaux de Versailles et de Trianon

« Il n'y a que vous, Madame, qui jouissez des beautés de Versailles », avait coutume de dire Louis XIV à sa belle-sœur la duchesse d'Orléans, qu'au grand étonnement de la cour, l'amour du grand air poussait souvent à arpenter allées et bosquets en de longues promenades. Mot révélateur de la satisfaction du roi de voir ses jardins appréciés. Révélateur aussi de l'importance que le souverain leur accordait, au point de leur consacrer six versions successives de sa célèbre *Manière de montrer les jardins de Versailles*, qu'il rédigea lui-même alors qu'il ne se préoccupa jamais d'écrire une manière de montrer le château...

Et qui, mieux qu'Alain Baraton, peut faire les honneurs des jardins de Versailles ? L'intimité qu'il cultive depuis si longtemps avec cet immense domaine transparaît au fil de son propos. S'il retrace à merveille leur histoire, détaille leurs beautés, il sait aussi parler des jardins en jardinier. Sous sa plume, l'on découvrira ainsi, au détour d'une allée, au hasard d'un bosquet, l'exceptionnel patrimoine végétal qui peuple Versailles. Au gré des pages, l'on pourra ainsi apprendre que c'est à Trianon que fut créée une nouvelle variété de marronnier à fleurs rouges, ou que le doyen des chênes du domaine est né en 1668, l'année même où Louis XIV donna l'une de ses plus belles fêtes.

En rédigeant ce guide trois siècles après son royal initiateur, Alain Baraton perpétue une tradition : conduire le visiteur, depuis le parterre d'Eau jusqu'au lac du hameau de la Reine, à profiter pleinement de ce musée en plein air qu'est le jardin de Versailles, à en découvrir toutes les richesses, à en apprécier toutes les singularités. En un mot, à en saisir l'esprit.

Avant-propos

« Versailles est une ville à quatre lieues de Paris, renommée à cause du superbe château où Louis XIV faisait sa résidence ordinaire. Ce château royal est l'objet le plus digne de votre curiosité. Tout ce que la nature et l'art ont de plus éclatant et ce que les anciens et les modernes ont inventé de plus parfait, où qu'ils ont travaillé de plus achevé, et qui mérite mieux l'admiration des hommes, y brille de toutes parts. »

Ces quelques lignes sont extraites d'un guide de visite du château de Versailles et de ses jardins paru en 1716. Elles attestent de l'intérêt du public pour la demeure royale depuis sa création. Cet engouement n'a jamais cessé et, depuis plusieurs siècles, des millions de visiteurs se pressent chaque année devant les grilles pour découvrir un château et des jardins sans pareil.

L'histoire de Versailles débute avec Henri IV, lorsque le roi vient chasser sur les terres giboyeuses et proches de la capitale. Le futur Louis XIII accompagne de temps à autre son père et décide, à l'âge adulte, d'y revenir chaque fois que cela lui sera possible. Pour profiter au mieux des lieux, il fait bâtir un pavillon de chasse où il dormira la première fois le 9 mars 1624. Versailles est né. Le monarque décède en 1643 et lègue à son fils son « château de cartes », c'est ainsi que Saint-Simon qualifie alors le modeste pavillon. Dès qu'il est en mesure d'assumer les responsabilités du royaume, Louis XIV s'éloigne du Louvre, un palais qu'il juge sinistre, impersonnel et dangereux pour sa personne. Invité aux fêtes de Vaux le Vicomte le 17 août 1661, le jeune roi qui n'a que vingt-trois ans, découvre le domaine qui appartient à Nicolas Fouquet, surintendant des Finances. À la vue de tant de beauté et de merveilles, il ne peut retenir sa colère. Il n'accepte pas qu'un sujet, même titré, même riche, puisse posséder une demeure digne d'un monarque. Il exige que soit construit sans délai un palais surpassant en éclat et en richesse tout ce qui existe alors. Louis XIV fait venir à Versailles les artisans de Vaux le Vicomte : Charles Le Brun, peintre et décorateur, Louis Le Vau, architecte, Jean-Baptiste de La Quintinie et André Le Nôtre,

Pierre Denis Martin,
Vue du bassin d'Apollon et du Grand Canal de Versailles en 1713, XVIIIᵉ siècle,
huile sur toile, Versailles,
châteaux de Versailles et de Trianon.

tous deux jardiniers. La Quintinie se voit confier la création du Potager du Roy, un lieu d'exception où poussent des fruits et des légumes qui alimentent la table du monarque toute l'année. André Le Nôtre, assisté de milliers d'ouvriers, jardiniers, terrassiers, fontainiers, va profondément transformer les anciens marécages insalubres et hostiles qui entourent le château en un jardin délicieux tout entier voué aux arts.

Le grand jardinier n'a pas été choisi par hasard. Dès 1630, à l'âge de dix-sept ans, il travaille aux côtés de son père dans le jardin des Tuileries. Cinq années plus tard, il est nommé premier jardinier de Gaston d'Orléans, le frère de Louis XIII. Il récupère les charges paternelles en 1637 puis devient, en 1643, dessinateur des jardins du roi. Il achète, le 12 mai 1657, l'office de contrôleur général des Bâtiments du roi. À Versailles, Louis XIV demande en 1662 à André Le Nôtre de lui dessiner un parc. Les travaux débutent immédiatement.

Carlo Maratta, *André Le Nôtre, contrôleur général des Bâtiments et dessinateur des jardins du roi portant l'ordre de Notre-Dame du Mont-Carmel et de Saint-Lazare*, 1679, huile sur toile, Versailles, châteaux de Versailles et de Trianon.

À l'extérieur de l'enceinte royale, une ville nouvelle va naître. Trois larges avenues sont percées et mènent à une vaste place d'armes. Deux écuries abritant des milliers de chevaux achèvent l'ensemble.

Le monarque se plaît en son château et décide d'en faire la résidence officielle de son gouvernement en 1682. Le pouvoir ne quittera plus Versailles jusqu'à la Révolution et aujourd'hui encore le Congrès s'y réunit sur convocation du président de la République pour voter tout changement constitutionnel. Les successeurs de Louis XIV n'auront de cesse d'embellir et d'entretenir le domaine tout entier. Versailles, miraculeusement, survivra aux révolutions, aux guerres, et à l'usure du temps.

Le domaine national de Versailles est un ensemble paysager constitué du jardin de Versailles, des jardins du Grand et du Petit Trianon et du parc forestier. Il couvre aujourd'hui une superficie d'environ 850 hectares. Il est planté de 350 000 arbres. Il est utile d'ajouter à cette liste le Potager du Roy, une entité administrative indépendante de celle du château, et l'arboretum de Chèvreloup, une annexe du Muséum national d'histoire naturelle de Paris.

À l'apogée du règne de Louis XIV, le parc s'étendait sur 8 300 hectares entièrement clos de murs percés par vingt-deux portes monumentales.

Le premier jardin fut dessiné sous Louis XIII. Le roi souhaitait alors offrir à son pavillon de chasse un modeste écrin végétal. En 1632, il commanda la plantation de six carrés de buis sous les fenêtres du petit château et fit aménager une terrasse et un escalier qui mène à un parterre agrémenté d'un bassin circulaire. Une longue allée bordée de charmilles est tracée vers l'ouest dans l'axe central du jardin. Elle conduit à une grande pièce d'eau qui deviendra par la suite le bassin d'Apollon. La perspective royale est créée.

À la mort de son père, Louis XIV ordonne l'agrandissement du château et demande à André Le Nôtre de concevoir un parc qui dépasse en éclat et en beauté celui de Vaux le Vicomte. Dès 1661, Le Nôtre présente ses projets au roi. Le monarque est impatient, et les travaux ne tardent pas. Au plus fort du chantier, quelque 36 000 hommes s'activent à agrandir le palais, à niveler et à déplacer des milliers de tonnes de terre. Le grand jardinier réalise un parc aux tracés réguliers dans la plus pure tradition des jardins à la française. Il n'invente rien, mais exécute à la perfection les théories énoncées par Claude Mollet et Jacques Boyceau de la Baraudière, deux de ses prédécesseurs à Versailles. Il est utile de connaître ces préceptes pour mieux comprendre et apprécier la conception même des espaces verts au XVIIe siècle.

En ce temps-là, la nature sauvage domine le paysage et les seules parcelles de terre du royaume régulièrement entretenues sont les champs de culture et les forêts exploitées pour le bois et la chasse. Les jardins ornementaux existent déjà, mais leurs fonctions premières restent le plus souvent utilitaires. Ce sont généralement des monastères et des couvents, où poussent des plantes médicinales, tinctoriales, aromatiques, etc. Il y a aussi dans les grandes villes des pépinières où sont étudiés, par d'éminents botanistes, les végétaux rares originaires du continent américain ou asiatique. Quelques riches aristocrates possèdent enfin des parcs soignés, mais cependant leur nombre et leur dimension restent modestes. Tous répondent à des principes simples : il s'agit de dicter à la nature sa conduite, de la tailler au cordeau. L'ordre végétal doit régner car la tenue et la rigueur des plantations indiquent la puissance et la richesse du propriétaire. Versailles devient alors l'exemple parfait du jardin domestiqué.

Pierre Patel, dit Patel le Père, *Vue du château et des jardins de Versailles, prise de l'avenue de Paris en 1668*, XVIIe siècle, huile sur toile, Versailles, châteaux de Versailles et de Trianon.

Conformément à ces théories énoncées, Le Nôtre compose des plans symétriques et exploite au mieux les configurations naturelles du terrain. Il installe une terrasse sur le point le plus élevé, permettant au visiteur d'embrasser du regard l'ensemble de la propriété. Cette esplanade est positionnée au centre : elle est l'intermède entre le devant du château et l'extrémité du domaine. Le Nôtre compose des parterres de gazon finement découpés et des broderies en buis sont visibles de l'étage noble du château. Dans les jardins de Versailles, les allées sont bordées de charmilles et les arbres d'alignement sont maintenus à une hauteur modeste. Les plans d'eau et bassins, de toutes dimensions, présentent des formes géométriques. Dans le Grand Parc, la nature reprend ses droits et les allées se rétrécissent.

À Versailles, les règles strictes qui définissent les jardins réguliers sont suivies à la lettre. Les arbres et arbustes deviennent des murs végétaux qui dirigent le regard vers une perspective ou un monument et ils encadrent fontaines et statues. Le végétal est considéré dans la masse, et la fantaisie n'y a pas sa place, excepté pour les buis et les ifs présentés en topiaires, des sculptures végétales aux formes multiples et parfois même extravagantes.

Étienne Allegrain, *Promenade de Louis XIV en vue du parterre du Nord dans les jardins de Versailles vers 1688*, huile sur toile, XVIIe siècle, Versailles, châteaux de Versailles et de Trianon.

À la mort de Louis XIV le 1er septembre 1715, la cour abandonne Versailles pour s'installer à Paris. En 1722, Louis XV décide de vivre dans le château de son aïeul et s'installe dans ses appartements. Si le parc du château subit peu de modifications sous son règne (voir les Bains d'Apollon), les terres de Trianon sont transformées en un jardin sublime où est présentée une incroyable collection de plantes venues de tous les continents. Cette pépinière appréciée des plus éminents botanistes disparaîtra à la mort du monarque en 1774.

Pour le visiteur qui découvre le domaine royal, il convient d'observer les deux tracés dominants afin d'apprécier au mieux l'ordonnancement des jardins : d'une part, l'axe est-ouest face à la grande perspective et la vue qu'elle offre de la terrasse vers le parterre de Latone, l'Allée royale puis le Grand Canal. Contrairement à la perspective de Vaux le Vicomte, cette trouée se poursuit à l'infini : nul obstacle ne doit interrompre la vision du souverain. Les concepteurs du site ont pris soin de déposer de part et d'autre de l'Allée royale les statues les plus accomplies.

D'autre part, l'axe perpendiculaire est tout aussi important. Le parterre du Midi est délimité à son extrémité sud par l'Orangerie royale, puis par la pièce d'eau des Suisses, et le parterre du Nord ainsi que l'impressionnant bassin de Neptune forment un ensemble d'un équilibre parfait où Le Nôtre a pris quelques libertés avec la symétrie.

En se promenant dans le jardin, il est aisé de constater que les quatre principales intersections ornées au centre d'un bassin, symbolisant chacun une saison, offrent une vue dégagée dans toutes les directions et permettent, quel que soit l'endroit où l'on se situe, d'apercevoir même légèrement, la façade du château. En quittant ces allées pour pénétrer dans les bosquets, le palais s'éloigne visuellement et nous découvrons des salles de verdure qui réservent bien des surprises !

Pierre Joseph Wallaert,
Vue du hameau du Petit Trianon, 1803,
huile sur toile, Versailles,
châteaux de Versailles et de Trianon.

Le jardin de Versailles tel que nous l'apprécions aujourd'hui fut peu modifié avec le temps et, à l'exception de quelques bosquets, a conservé son aspect voulu par le roi Louis XIV. André Le Nôtre a réussi son entreprise : créer pour le plus grand des rois le plus beau des jardins. Il a su « ouvrir les perspectives, mettre en harmonie les cieux et les eaux ». Il nous a légué un chef-d'œuvre.

Il est recommandé au promeneur de débuter la visite des jardins par le parterre du Midi puis de se diriger vers l'Orangerie. Il est ensuite préférable de descendre jusqu'au bassin d'Apollon et de découvrir les bosquets qui jalonnent le parcours. Près du Grand Canal, il est utile de suivre la direction du domaine de Marie-Antoinette pour visiter les Trianon. Revenu au début de l'Allée royale, le lecteur est encouragé à monter vers le château en parcourant les bosquets situés au nord du Tapis vert.

Le domaine que nous visitons aujourd'hui correspond à ce qu'il était en 1789, date du départ de la famille royale. Bien sûr, il existe quelques aménagements voulus par Louis Philippe et Napoléon mais la structure du parc n'a été que peu modifiée.

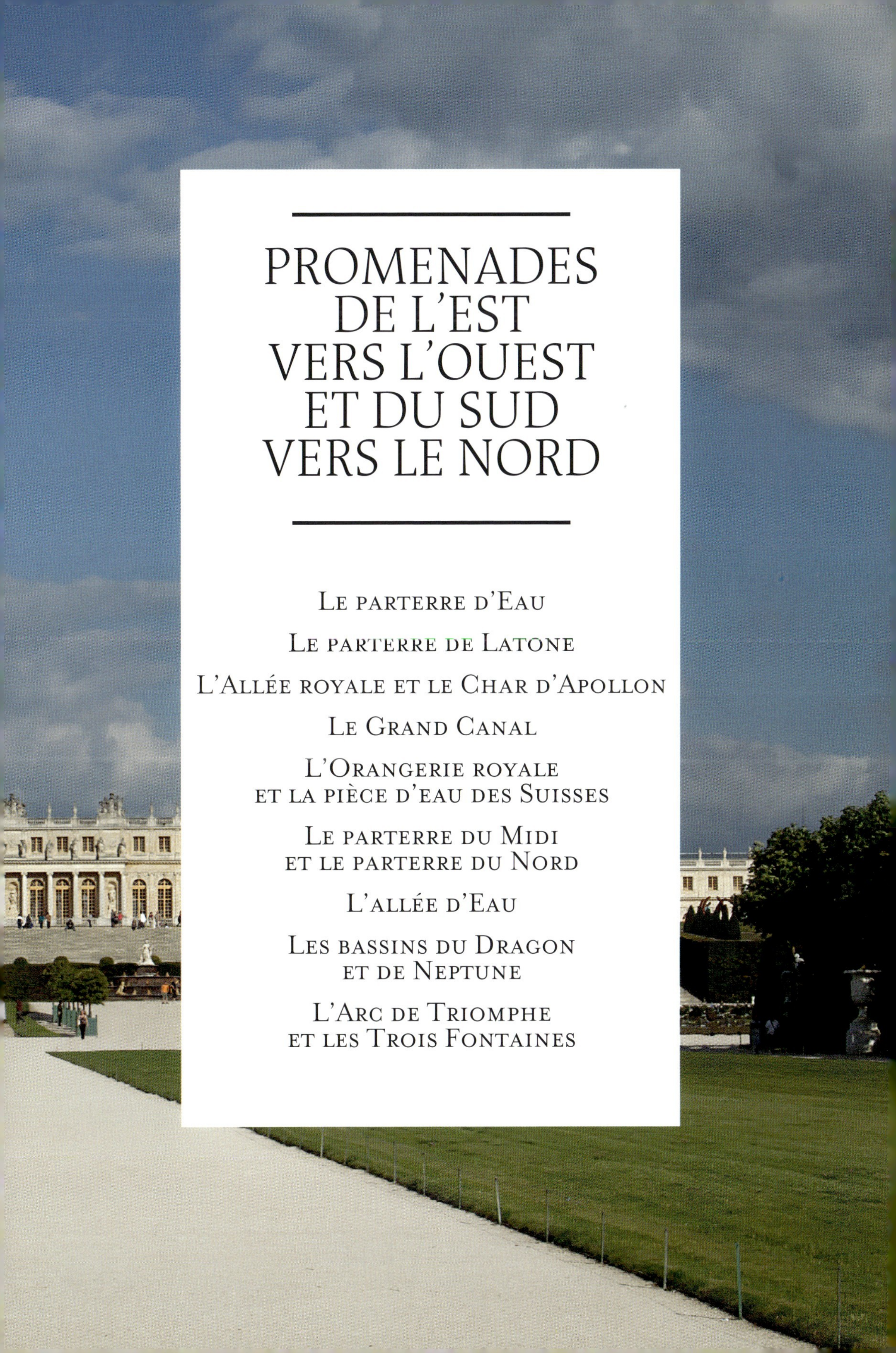

PROMENADES DE L'EST VERS L'OUEST ET DU SUD VERS LE NORD

Le parterre d'Eau

Le parterre de Latone

L'Allée royale et le Char d'Apollon

Le Grand Canal

L'Orangerie royale
et la pièce d'eau des Suisses

Le parterre du Midi
et le parterre du Nord

L'allée d'Eau

Les bassins du Dragon
et de Neptune

L'Arc de Triomphe
et les Trois Fontaines

Promenades de l'est vers l'ouest et du sud vers le nord

Le parterre d'Eau

Il est facile, depuis le parterre d'Eau, d'apprécier l'étendue des jardins et la perspective royale. C'est ici que la symétrie voulue par Le Nôtre est la plus perceptible et la vision de la façade du château (670 mètres côté jardin) est la plus parfaite. Le parterre d'Eau est orné de deux bassins creusés en 1684 et agrémenté de seize statues en bronze représentant les fleuves et les rivières, et de huit groupes d'enfants. Ces statues sont l'œuvre des plus grands sculpteurs de l'époque (Le Hongre, Coysevox, Tuby, Regnaudin, Le Gros, etc.), et sont fondues par Jean-Jacques et Jean-Balthazar Keller, deux frères qui travaillent aussi à la fabrication des canons des armées.

Le parterre d'Eau est encadré au nord et au sud par des vases en bronze d'une qualité inestimable, qu'il convient d'observer avec soin. Ils sont destinés à recevoir des orangers taillés en boule. Un escalier monumental en pierre, aménagé dans l'axe central, mène au bassin de Latone. Il est orné au sud par la fontaine du Point du Jour et au nord par la fontaine du Soir (ou de Diane). Ces deux groupes, qui constituent le cabinet des Animaux, sont achevés en 1687.

Le parterre de Latone

Le parterre de Latone tient son nom du groupe de marbre installé au centre d'une demi-lune bordée de deux rampes ornées chacune de neuf statues commandées en 1674. Sous Louis XIV, le parterre de buis est simplement garni d'un gazon finement tondu et découpé. Deux bassins circulaires, situés au centre des massifs, sont ornés de groupes en plomb figurant des lézards. Dans l'axe de la perspective royale, le bassin de Latone, œuvre de Marsy, représente Latone qui protège ses enfants, Apollon et Diane. Des paysans changés en grenouilles entourent la sculpture et crachent des torrents d'eau de leur bouche grande ouverte. Un peu de mythologie : Junon est mariée à Jupiter et ne décolère pas. Elle n'accepte pas la liaison de son mari avec Latone et pour se venger, elle oblige celle-ci à s'exiler. Lors de son périple, Latone profite d'une source d'eau pure pour se désaltérer et se laver. Junon la chasse avec l'aide de paysans qui n'hésitent pas à lui jeter des pierres. Jupiter intervient alors en faveur de Latone et transforme les agresseurs en batraciens. L'architecte Jules Hardouin-Mansart modifie en 1687-1689 la fontaine et supprime le rocher qui portait Latone. Depuis elle repose face au Grand Canal sur une superposition de trois gradins circulaires. Un alignement de topiaires en ifs taillés d'après des gravures du début du XVIIIe siècle souligne le parterre et coupe perpendiculairement la perspective royale. En 1793, Antoine Richard, le jardinier de la reine Marie-Antoinette, fait pousser en pleine terre, et à titre symbolique, des pommes de terre dans les massifs ! Nous sommes en pleine Révolution française et ce geste suffira à convaincre les opposants à la monarchie d'épargner un domaine devenu une source d'alimentation pour le peuple.

Le fleurissement

Sous Louis XIV, les fleurs sont rares dans les jardins à la française. Excepté le parterre du Nord qui présente, dès sa conception, des plates-bandes de fleurs mélangées à des arbustes et des topiaires, le parterre du Midi est, à cette époque, exclusivement conçu avec des buis, des ifs taillés et des arabesques de gazon. Les fleurs y apparaissent pour la première fois sous Louis XV, pour quelque temps seulement, puis au tout début du XXe siècle. La floraison du parterre de Latone est encore plus tardive, et il faudra attendre le Premier Empire pour que les fleurs colorent ce jardin.

Double page suivante : le bassin de Latone.

Promenades de l'est vers l'ouest et du sud vers le nord

L'Allée royale et le Char d'Apollon

⸻ L'Allée royale est sans conteste l'axe principal du jardin. Son tracé remonte à l'origine de la création de Versailles, sous Louis XIII. Dès 1667, André Le Nôtre réaménage cette allée, élément majeur de la grande perspective, l'élargit et l'engazonne. Le vaste rectangle végétalisé donne à cette partie du parc son appellation de « Tapis vert ». Longue de 330 mètres et large de 40 mètres, cette allée est bordée des deux côtés par un alignement de marronniers et d'une suite de topiaires. Les plantations alternent avec une collection de douze statues et de douze vases en marbre. Ces chefs-d'œuvre furent installés entre 1684 et 1689. L'allée conduit à un bassin creusé sous Louis XIII en 1636.

⸻ Louis XIV commande à Jean-Baptiste Tuby en 1668 une œuvre majestueuse destinée à cette pièce d'eau. Installée deux ans plus tard, elle représente Apollon, le dieu solaire, sur son char tiré par quatre chevaux fous, entouré de quatre tritons et de quatre monstres marins. Lorsque les eaux jaillissent, il est possible d'admirer les trois gerbes principales qui composent alors une fleur de lys. Un hémicycle, orné de statues, arbres et topiaires, encadre la pièce d'eau. Deux rangées majestueuses de platanes parallèles au Tapis vert, et un quadruple alignement d'arbres de même essence et perpendiculaire à l'Allée royale soulignent les limites du jardin.

Le Grand Canal

Le creusement du Grand Canal débute en 1667 et les travaux durent pendant onze ans. D'une surface de 22 hectares et d'une profondeur moyenne de 1,80 mètre, sa longueur est de 1558 mètres et son bras perpendiculaire qui relie le Grand Trianon à la Ménagerie, aujourd'hui disparue, de 1 013 mètres. Pour assurer son étanchéité, le fond de la pièce d'eau est recouvert de glaise. Le Grand Canal récupère les eaux de pluie et toutes les eaux drainées grâce à un système complexe. L'évacuation des milliers de mètres cubes de terre lors des travaux facilita l'assèchement du domaine et permit de repousser plus loin les marécages. Le Grand Canal offre à Louis XIV la possibilité de voir naviguer des modèles réduits de la flotte royale, de voguer à bord d'une galère longue de 20 mètres, mue par quarante-deux rameurs ou de participer à des courses de traîneaux en hiver. Depuis sa construction, il a été vidé trois fois : en 1792 où il est transformé en un jardin potager supposé nourrir le peuple, en 1808 après que Napoléon a ordonné la restauration de ses berges et en mai 1940 pour éviter que la pièce d'eau ne soit un repère trop voyant depuis le ciel pour les bombardiers ennemis.

La petite Venise

La Petite Venise est construite en 1674 afin d'héberger les quatorze Vénitiens recrutés pour manier les gondoles offertes à Louis XIV par les doges de la République de Venise. Elle abritait aussi les matelots et les charpentiers en charge de la vingtaine de navires stationnés sur les eaux versaillaises.

L'Orangerie royale et la pièce d'eau des Suisses

𝄢 L'Orangerie royale, construite dès 1684 par Jules Hardouin-Mansart, a remplacé celle de l'architecte Le Vau érigée en 1663 et devenue trop petite pour abriter les collections botaniques. L'ouvrage, bâti en deux ans à peine, se compose d'une galerie principale longue de 156 mètres et large de 21 mètres ; sa voûte culmine à 13 mètres. Deux ailes en retour sont surmontées chacune par un escalier majestueux nommé « Cent-Marches ». Au centre de la galerie principale trône une statue de Louis XIV exécutée par Desjardins en 1683. Sous la monarchie, l'Orangerie abritait 3 000 plantes cultivées en bacs, en majorité des agrumes. Pour les protéger du froid, les jardiniers chargeaient sur des fardiers les lourdes caisses et les rentraient dès l'arrivée de l'automne. Les arbustes retrouvaient leur place sitôt que les gelées n'étaient plus à craindre. Le parterre, composé de pièces de gazon à compartiments, est agrémenté de mai à octobre de 1 200 caisses (3 000 sous Louis XIV) contenant orangers, grenadiers, lauriers-roses, citronniers, etc.

𝄢 La pièce d'eau des Suisses, achevée en 1688, tient son nom du régiment des gardes suisses chargé des travaux de son creusement. Pour accélérer les travaux, les autorités n'hésitent pas à réquisitionner les militaires d'ordinaire affectés à la protection du monarque. Ses dimensions sont impressionnantes : 628 mètres de long et 234 mètres de large. Sa superficie est de 16 hectares, soit deux fois la place de la Concorde à Paris ! Elle est bordée sur trois côtés par quatre alignements de platanes installés vers 1900. À son extrémité, Louis XIV fait déposer en 1702 une statue équestre le représentant. Il n'apprécie pas l'œuvre sculptée par Le Bernin qu'il juge indigne de sa personne et il la relègue alors aux limites du domaine.

L'Orangerie est une prison

L'Orangerie n'a pas seulement servi à protéger les plantes du froid, elle a également permis à la reine Marie-Antoinette de s'adonner à la comédie. Avant que ne soit achevé son théâtre de Trianon, elle donne dans ce lieu une première représentation en 1778. L'Orangerie a connu aussi des heures sombres. Elle a été transformée en prison pendant les événements de la Commune en 1871. Mais avec l'arrivée de l'automne, il a fallu libérer la place pour rentrer les orangers. Les malheureux prisonniers furent alors extraits de l'Orangerie et beaucoup furent exécutés.

Le parterre du Midi et le parterre du Nord

→ Le parterre du Midi, au-dessus de l'Orangerie et le parterre du Nord, près du bassin de Neptune sont les deux massifs les plus proches du château. Le parterre du Midi a pris l'aspect définitif que nous lui connaissons en 1668 quand les travaux de construction de l'Orangerie ont permis de l'agrandir. Auparavant, il portait le nom de parterre de l'Amour. Il a été conçu pour être admiré des fenêtres du château.

→ Le parterre du Nord est le seul massif de Versailles à être garni de fleurs sous Louis XIV, probablement parce que les appartements du Roi donnent au-dessus. Traité en compartiments triangulaires engazonnés, ce jardin, créé en 1663 puis agrandi, est achevé en 1666.

Entre les deux parterres et dans l'axe de l'allée centrale, il est possible d'admirer la fontaine de la Pyramide constituée d'une superposition de quatre bassins. Elle est l'œuvre de Girardon d'après un dessin du peintre et décorateur Le Brun.

Étonnamment et malgré leurs splendeurs, André Le Nôtre aurait confié à Saint-Simon qu'il n'aimait guère les parterres de Versailles et « qu'ils n'étaient bons que pour les nourrices qui ne pouvant quitter leurs enfants, s'y promenaient des yeux et les admiraient du deuxième étage ».

Le buis

Le buis est un arbuste, ou petit arbre, à feuilles persistantes originaire d'Europe, d'Asie orientale, d'Amérique et du Bassin méditerranéen. Apprécié des jardiniers pour sa tolérance aux tailles, même fréquentes, il en existe une trentaine d'espèces. Le buis, couramment utilisé pour la création des massifs et bosquets, des haies de toutes dimensions et les topiaires aime les situations ensoleillées et ombrées. Il est présent dans tous les jardins des XVIIe et XVIIIe siècles.

La fontaine de la Pyramide.

En haut : vue du parterre du Midi. En bas : vue du parterre du Nord.

L'allée d'Eau

L'allée d'Eau était autrefois nommée « allée des Marmousets », en référence aux groupes d'enfants exécutés en bronze qui soutiennent des vasques de marbre de Languedoc. Ces œuvres, exécutées en 1688 par Le Gros, Le Hongre, Mazeline, Buirette et Lerambert, d'après les esquisses de Le Brun, sont présentées en alternance avec une collection de topiaires de grande qualité. En partie haute, le bassin des Nymphes de Diane par Girardon est achevé en 1670. Le dessin peu banal de cette allée, encadrée de charmilles, est de l'architecte Claude Perrault.

Les topiaires

Louis XV ne manquait pas d'imagination. En 1745, il apparaît déguisé en topiaire d'if lors d'un grand bal costumé. Invitée à cette soirée, la future madame de Pompadour espère rencontrer le roi mais doute qu'il puisse se cacher derrière un tel accoutrement. Une fois découvert et pour justifier cette apparence pour le moins inhabituelle, Louis XV lui aurait rétorqué que l'if est un arbre symbole de vie et d'immortalité et ajouta, non sans malices, qu'il est toujours vert.

Les bassins du Dragon et de Neptune

→ Au centre d'un bassin creusé en 1663 figure un groupe de plomb doré représentant un dragon encerclé par quatre dauphins et quatre cygnes portant des Amours. Le dragon crache de sa gueule un jet qui atteint 27 mètres de haut. Mais l'œuvre des frères Marsy, achevée en 1667, ne résista pas à l'usure du temps, et il fut nécessaire de la restaurer entièrement en 1889.

→ Le bassin de Neptune, dessiné par Le Nôtre dès 1678, se nommait alors « bassin sous le Dragon ». Les travaux se poursuivent avec Hardouin-Mansart jusqu'en 1682. Sous Louis XIV, les difficultés financières qui affectent le royaume rendent impossible son achèvement. Le chantier reprend sous Louis XV et l'architecte Gabriel peut enfin présenter au roi, en 1741, un ensemble hydraulique exceptionnel composé de quatre-vingt-dix-neuf jets d'eau. Le groupe représentant Neptune est une œuvre de Lambert-Sigisbert Adam retenue après que la surintendance des Bâtiments a mis la décoration du bassin en concours. Les deux dragons qui encadrent la pièce d'eau sont signés de Bouchardon.

Ci-contre : le bassin du Dragon. Ci-dessus : le bassin de Neptune.

L'Arc de Triomphe et les Trois Fontaines

—⁂ Le bosquet de l'Arc de Triomphe est réalisé entre 1677 et 1684 par André Le Nôtre. Son mauvais état justifie sa démolition en 1801. Restauré il y a quelques années, il a retrouvé les deux salles de verdure qui le composaient lors de sa création. En effet, la salle du haut était ornée d'un arc de triomphe et de quatre obélisques en métal doré, et celle proche du bassin de Neptune produisait trois fontaines célébrant la Victoire et le groupe de la France triomphante, le seul élément encore visible aujourd'hui. De hautes charmilles cloisonnent le tout.

—⁂ Il se dit parfois que le bosquet des Trois Fontaines fut dessiné de la main de Louis XIV. Cela est faux. Il fut réalisé par Le Nôtre en 1677. À la mort du monarque, il cesse d'être entretenu et disparaît totalement en 1804. Il a été intégralement restauré en 2004 et a retrouvé ses trois bassins ornés de coquillages et ses gradins gazonnés. Il est toujours possible d'observer, en partie haute et à droite, la rampe de marbre qui permettait au roi, souffrant de crises de goutte, d'y venir sur son fauteuil roulant.

Ci-dessus : l'Arc de Triomphe. Ci-contre : les Trois Fontaines.

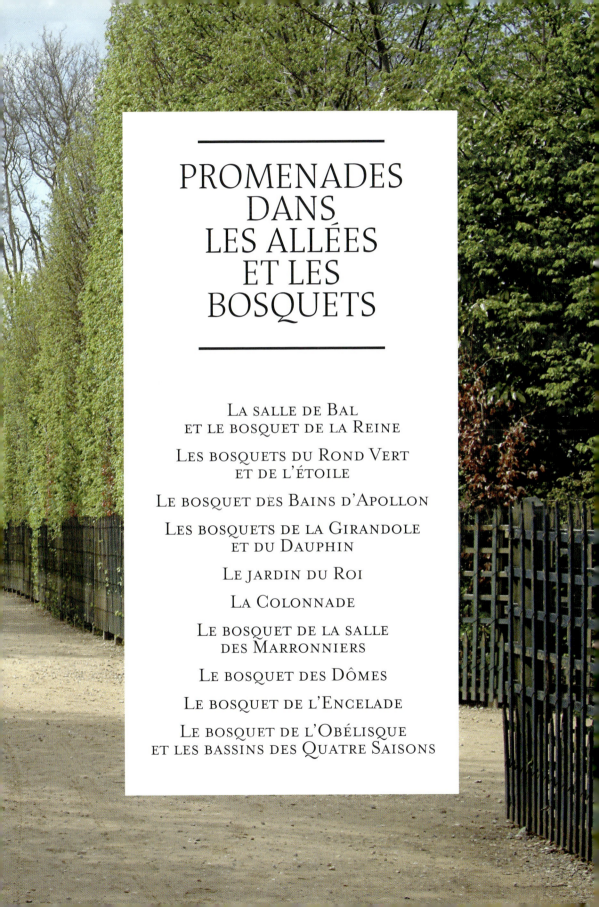

PROMENADES DANS LES ALLÉES ET LES BOSQUETS

La salle de Bal
et le bosquet de la Reine

Les bosquets du Rond Vert
et de l'étoile

Le bosquet des Bains d'Apollon

Les bosquets de la Girandole
et du Dauphin

Le jardin du Roi

La Colonnade

Le bosquet de la salle
des Marronniers

Le bosquet des Dômes

Le bosquet de l'Encelade

Le bosquet de l'Obélisque
et les bassins des Quatre Saisons

Jean Cotelle, dit le Jeune, *Vue de la salle de Bal ou bosquet des Rocailles dans les jardins de Versailles*, XVIIe siècle, huile sur toile, Versailles, châteaux de Versailles et de Trianon.

La salle de Bal et le bosquet de la Reine

→ La salle de Bal est l'une des rares salles de verdure conçue par Le Nôtre qui nous soit parvenue intacte. Achevée en 1683, elle se présente sous la forme d'un amphithéâtre de marbre, rocailles et coquillages de Madagascar. Face aux cascatelles qui ruissellent lors des Grandes Eaux, le grand jardinier a aménagé des gradins engazonnés où les musiciens pouvaient prendre place. Pour permettre aux danseurs d'évoluer confortablement, il était disposé au centre de l'arène un vaste plancher. Louis XIV y donnait aussi des comédies ou des réceptions et le 7 mai 1685, il soupe dans ce bosquet au retour d'une chasse au loup. La salle de Bal, aussi nommée « bosquet des Rocailles », est encadrée par de hauts treillages et ornée de quatre vases en plomb et de quatre torchères dorées. Comme beaucoup d'autres bosquets, il est depuis sa création protégé par une grille qui en interdit l'accès aux voleurs et vandales. Le Nôtre signa dans ce lieu sa dernière réalisation à Versailles.

→ Sous Louis XIV, le bosquet de la Reine est un labyrinthe composé par Le Nôtre sur une idée de Charles Perrault. À chaque détour d'allée, sont disposés une fontaine et un bassin de rocailles représentant une fable d'Ésope ou de La Fontaine. Achevé en 1669, ce bosquet souffre du peu d'entretien pendant la Régence mais retrouve son éclat après que Louis XV a ordonné sa restauration. Lors de la replantation générale des jardins souhaitée par Louis XVI en 1776, le labyrinthe disparaît, ainsi que ses ornements. Quelques années plus tard, un gigantesque scandale éclabousse la famille royale. En effet, c'est dans ce jardin que le cardinal de Rohan pense rencontrer Marie-Antoinette et se fait soutirer par une comédienne une importante somme d'argent en échange d'un bijou de la souveraine. Cette histoire rocambolesque va donner son nom au bosquet et inspirer à Alexandre Dumas son roman *Le Collier de la Reine.*

La salle de Bal.

Les bosquets du Rond vert et de l'Étoile

⸺⁂ Le bosquet du Rond vert est aménagé par Le Nôtre en 1671 et se compose d'un amphithéâtre engazonné et de huit fontaines. Il est détruit en 1750 et devient une modeste pelouse. Il ne subsiste de ce bosquet qu'un bassin, dit « l'Île des Enfants », installé en 1710 à l'ouest de la parcelle aujourd'hui nommée « Rond vert ».

⸺⁂ Le bosquet de l'Étoile a peu changé depuis 1701, date à laquelle quelques transformations sont effectuées. Appelé, à l'origine « bosquet de la Montagne d'Eau », il présente un ensemble d'allées dont le tracé forme une étoile. Le bassin et ses rocailles qui l'ornent sous Louis XIV ont disparu tout comme les chèvrefeuilles qui couvraient les palissades et embaumaient le lieu.

Le bassin de l'Île des Enfants.

Le bosquet des Bains d'Apollon

Ce bosquet est le seul à avoir changé de nom avec chaque monarque. Un premier bosquet est créé par André Le Nôtre en 1671. Implanté dans une zone très humide, il est baptisé « le Marais ». Au centre d'une pelouse se dresse un chêne en métal qui crache de l'eau pas ses branches latérales. En 1705, le bosquet est transformé, et Mansart y installe les *Chevaux du Soleil*, des sculptures qui proviennent de la grotte de Téthys, détruite en 1684. En 1713, Louis XIV ordonne la construction des Bains de Diane. Mais le vieux roi décède deux ans plus tard et les travaux restent inachevés. En 1736, l'ensemble est réaménagé à la demande de Louis XV, qui fait installer pour son jeune fils un enclos et un bassin, des volières et des fleurs. Le dauphin peut élever en toute tranquillité des canards et des tortues. Des grilles sont mises en place pour en interdire l'accès aux curieux. Redessiné en 1776, il prend le nom de « bosquet des Bains d'Apollon ». On y admire toujours un lac, une grotte, des cascades et un ensemble de statues superbes : *Apollon servi par les Nymphes*, de Girardon et Regnaudin, ainsi que les *Chevaux du Soleil pansés par les Tritons*, deux groupes signés Marsy et Gilles Guérin.

Les bosquets de la Girandole et du Dauphin

⇥ Le bosquet de la Girandole, au sud, et le bosquet du Dauphin – dont le nom tient du cétacé en métal qui orne le bassin central –, côté nord, sont les premières salles de verdure tracées par Le Nôtre en 1663. Ils ne plaisent guère à Louis XIV qui se contente de les nommer simplement « les bosquets ». Ils sont tous les deux ornés de Termes, des bustes d'hommes et de femmes s'achevant en gaine. Sur les seize œuvres présentées, onze sont commandées en 1665 par Fouquet pour son château de Vaux le Vicomte. Louis XIV les achète à la veuve du surintendant en 1683. Ces deux bosquets ne survivent pas à la replantation générale ordonnée en 1776 et sont remplacés par de simples carrés de pelouse entourés d'arbres disposés en quinconces. Recréés d'après les plans d'origine, ils ont retrouvé en l'an 2000 l'aspect qu'ils offraient lors de leur conception.

Vues du bosquet de la Girandole.

Le jardin du Roi

Le jardin du Roi est créé à l'emplacement de l'Île royale, une vaste pièce d'eau creusée entre 1671 et 1674. Celle-ci ne bénéficie d'aucun entretien durant la période révolutionnaire et l'Empire, puis elle disparaît en 1818, date à laquelle le roi Louis XVIII demande à l'architecte Dufour de lui aménager un jardin d'inspiration paysagère.

Le jardin du Roi présente aujourd'hui une collection d'arbustes d'une cinquantaine d'espèces différentes et de quelques arbres plantés en l'honneur de personnalités contemporaines. Face au jardin du Roi, subsiste le Miroir, un bassin entouré de deux vases de marbre et de deux sculptures datant du XVIIe siècle.

Les fêtes à Versailles

Les Plaisirs de l'Île enchantée ont constitué la plus belle de toutes les fêtes données à Versailles sous Louis XIV. Du 7 au 14 mai 1664, le parc se transforme en un gigantesque théâtre où se succèdent carrousel, danse, et comédies :

« Le Roi, voulant donner aux reines et à toute sa Cour le plaisir de quelques fêtes peu communes, dans un lieu orné de tous les agréments qui peuvent faire admirer une maison de campagne, choisit Versailles, à quatre lieues de Paris. C'est un château qu'on peut nommer un palais enchanté, tant les ajustements de l'art ont bien secondé les soins que la nature a pris pour le rendre parfait. Il charme en toutes manières ; tout y rit dehors et dedans, l'or et le marbre y disputent de beauté et d'éclat ; et quoiqu'il n'ait pas cette grande étendue qui se remarque en quelques autres palais de Sa Majesté, toutes choses y sont si polies, si bien entendues et si achevées, que rien ne le peut égaler. Sa symétrie, la richesse de ses meubles, la beauté de ses promenades, et le nombre infini de ses fleurs, comme de ses orangers, rendent les environs de ce lieu dignes de sa rareté singulière. » (Extrait de *Œuvres de Molière* par M. Petitot, Paris, MDCCC.XI).

La Colonnade

La Colonnade est construite à l'emplacement du jardin des Sources, un bosquet créé en 1679 par André Le Nôtre. Les petites allées tortueuses et les multiples ruisseaux sont remplacés dès 1685 par un péristyle circulaire de 32 mètres de diamètre. Sa structure se compose de trente-deux colonnes de marbre du Languedoc supportant une corniche ornée de trente-deux urnes et des arcs-boutants maintenus par trente-deux piliers carrés. Les bas-reliefs disposés entre les arcades représentent des enfants musiciens. Au centre de l'esplanade, Louis XIV fait installer en 1699 *L'Enlèvement de Proserpine par Pluton*, une œuvre de Girardon. Des vasques de marbre blanc complètent l'ensemble. Ce bosquet irrite Le Nôtre qui ne supporte pas l'invasion du minéral dans le végétal.

La Colonnade est conçue dès son origine pour accueillir des concerts. Il suffit pour s'en convaincre d'apprécier les bas-reliefs figurant des enfants musiciens.

Le Nôtre et Hardouin-Mansart

De retour d'Italie où il a rendu visite au pape, André Le Nôtre découvre en 1679 la Colonnade érigée par Jules Hardouin-Mansart. Louis XIV demande à son jardinier, non sans fierté, ce qu'il en pense. Le Nôtre lui répond sans détour : « Eh bien Sire, que voulez-vous que je vous dise ? D'un maçon, vous avez fait un jardinier, il vous a donné un plat de son métier. » Jusqu'à la fin de sa vie, profitant de l'amitié que lui porte le roi, il se plaira à qualifier publiquement le grand architecte de maçon. Le Nôtre pouvait se permettre quelques écarts : il était le seul devant qui Louis XIV s'inclinait.

Jean Cotelle, *Vue de la Colonnade avec Apollon et les nymphes*, ᵉ siècle, huile sur toile, Versailles, châteaux de Versailles et de Trianon.

Le bosquet de la salle des Marronniers

Le bosquet de la salle des Marronniers est conçu en 1704 par Hardouin-Mansart et remplace la salle des Antiques créée par Le Nôtre. D'une conception simple, il est orné de deux fontaines, de huit bustes et de deux statues. Ce bosquet tient son nom des marronniers qui ornent les lieux.
En 1858, Jacques Briot, jardinier en chef, crée dans les pépinières de Trianon une nouvelle variété de marronniers à fleurs rouges. Jusqu'à la fin du XIXe siècle, les jardins de Trianon furent un haut lieu de la botanique et présentaient quantité de plantes rares le plus souvent rapportées des continents lointains.

Le bosquet des Dômes

Conçu en 1675, le bosquet des Dômes, d'abord appelé le « bosquet de la Renommée » du nom de la statue en plomb qui ornait le centre du bassin, se voit adjoindre en 1677 deux temples de marbre blanc composés de huit colonnes de marbre rouge-brun et surmontés de dômes.

En 1684, on installe dans ce bosquet les groupes des Bains d'Apollon. Ils y resteront vingt ans. Les deux temples ne résistent pas à l'usure du temps et au peu d'entretien ; ils sont détruits en 1820. Il subsiste au centre du bosquet un « petit canal », terme alors employé pour définir un bassin, entouré d'une balustrade de marbre blanc. Une seconde balustrade en périphérie du bosquet est décorée de quarante-quatre bas-reliefs et une charmille encadre huit statues installées entre 1684 et 1705.

Le bosquet de l'Encelade

→✲ Le bosquet de l'Encelade est dessiné par Le Nôtre et réalisé de 1675 à 1677. Au centre du bassin, on découvre le géant Encelade qui a osé attaquer l'Olympe et défier Zeus. En représailles, il fut enseveli sous un magma de roches du volcan Etna lancé par la déesse Athéna.

Une tonnelle, recouverte de plantes grimpantes, permet de circuler à l'abri du soleil. Aux XVIIe et XVIIIe siècles, cette disposition était fort appréciée des dames qui recherchaient l'ombrage pour conserver un teint le plus clair possible. Des topiaires de buis plantées dans des pots dorés à l'or fin ornent la partie supérieure de la pergola. En 1706, Jules Hardouin-Mansart remanie le bosquet qui retrouve en 1998 l'aspect qu'il offrait lors de sa création. La figure de l'Encelade crache un jet d'eau haut de 23 mètres pendant les Grandes Eaux.

Le bosquet de l'Obélisque et les bassins des Quatre Saisons

⇥ Le bosquet de l'Obélisque fut longtemps appelé par les jardiniers « bosquet des Cent-Tuyaux », à cause des deux cent trente et un jets qui s'échappent d'une couronne de roseaux. Il a conservé l'aspect voulu par Hardouin-Mansart en 1705 lorsqu'il a réaménagé cette partie du jardin. Il tient son nom du puissant jet d'eau qui s'élève tel un obélisque du bassin central.

⇥ Les bassins des Saisons sont implantés aux carrefours formés par les principales allées. Ils furent exécutés entre 1672 et 1677 d'après les dessins du peintre Le Brun. Le printemps est symbolisé par le bassin de Flore, l'été par le bassin de Cérès, l'automne par le bassin de Bacchus et l'hiver par le bassin de Saturne.

À gauche : le bosquet de l'Obélisque. À droite : le bassin de Flore (au-dessus) et le bassin de Saturne (en dessous).

En haut : bassin de Flore, symbolisant le printemps. En bas : bassin de Cérès, symbolisant l'été.

En haut : bassin de Bacchus, symbolisant l'automne. En bas : bassin de Saturne, symbolisant l'hiver.

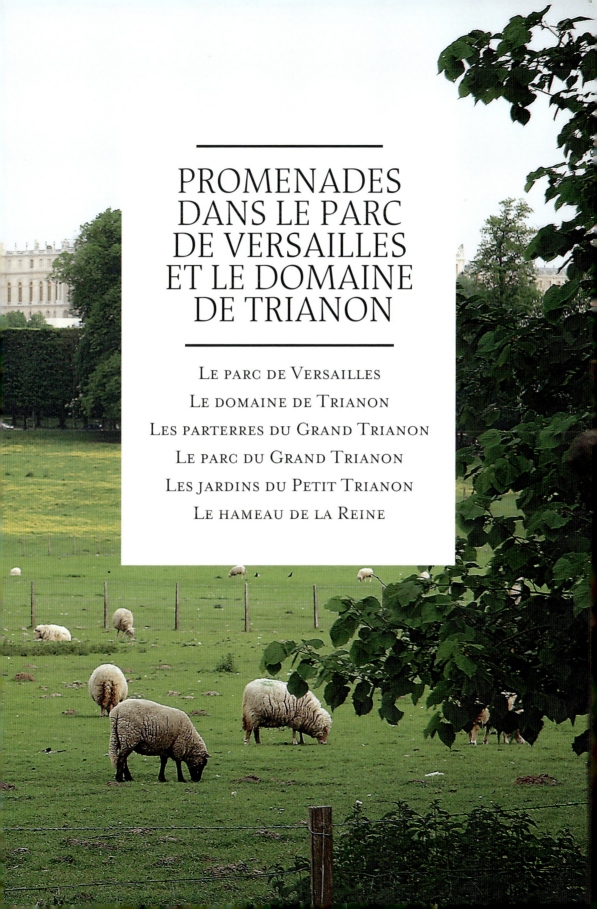

PROMENADES DANS LE PARC DE VERSAILLES ET LE DOMAINE DE TRIANON

Le parc de Versailles
Le domaine de Trianon
Les parterres du Grand Trianon
Le parc du Grand Trianon
Les jardins du Petit Trianon
Le hameau de la Reine

Le parc de Versailles

Le parc de Versailles ne doit pas être confondu avec le Grand Parc qui couvrait sous Louis XIV 8 500 hectares. Terrain de chasse des monarques, celui-ci englobait les forêts domaniales et les huit villages avoisinants.

Louis XIV ne cesse d'acquérir de nouvelles terres pour agrandir son domaine et prend soin de faire installer des espaces forestiers proches du château. Il peut ainsi se livrer, près de ses appartements, à la chasse, l'un de ses passe-temps préférés. En 1679, il fait interdire les prélèvements d'arbres dans les forêts avoisinantes pour qu'elles conservent leur densité végétale et permettent ainsi au gibier de s'y reproduire. Il devient alors nécessaire de trouver des centaines de milliers d'arbres dans toutes les grandes forêts de France, à Compiègne, à Fontainebleau, en Normandie, pour boiser le parc de Versailles. On n'hésite pas à envoyer des équipages dans les Flandres, dans le Dauphiné ou en Artois pour rapporter les précieux végétaux. Pendant des décennies, il est livré quantité d'ormes, de châtaigniers, de bouleaux, d'aulnes, de frênes, de charmes, de cerisiers, de tilleuls, de chênes… Les allées du domaine se transforment en pépinières où germent d'énormes quantités de glands. Pour la seule année 1685, on importe de Compiègne 3 520 mines de glands soit un volume de 253 000 litres. En 1688, il est prélevé en Artois 25 000 arbres de grande taille destinés aux bosquets qui, pour la

LA MÉNAGERIE

En 1663, Louis XIV ordonne à son architecte Louis Le Vau de construire une ménagerie à l'extrémité du bras sud du Grand Canal. Elle se présente sous la forme d'un petit château entouré d'enclos où il était possible d'admirer quantité d'oiseaux exotiques (perroquets, oiseaux-mouches, colibris, autruches, etc.), mais aussi des gazelles, des sangliers, des cochons et bien d'autres mammifères. Il y vécut même un crocodile, un corbeau blanc et un éléphant offert par le roi du Portugal. La Révolution française lui sera fatale et les efforts menés par Louis-Philippe en 1836 ne parviendront pas à éviter son abandon puis sa démolition.

plupart, ne supporteront pas un voyage de deux ans. Saint-Simon écrit dans ses Mémoires : « [ces] forêts toutes venues et touffues qu'on y a apportées en grands arbres de Compiègne, et de bien plus loin sans cesse, dont plus de trois quarts mouraient et qu'on remplaçait aussitôt. »

Le parc de Versailles est composé de vastes bosquets boisés traversés par de longues et larges allées rectilignes bordées de dix-huit mille arbres. Il abrite une ménagerie, et il est clos de murs percés par des grilles ou des portes monumentales.

Les glacières

Les glacières sont de gigantesques puits de 10 mètres de profondeur surmontés d'une voûte en pierre recouverte de chaume. On y déposait en hiver la glace prélevée dans les pièces d'eau alentours. Cette glace alimentait la table du roi et permettait de réaliser de délicieux sorbets. Elle servait aussi à rafraîchir les boissons et à lutter contre les fièvres. Treize glacières fonctionnaient sur le domaine en 1688. Il en subsiste deux en parfait état près du Grand Trianon.

À l'extrémité du Grand Canal, Le Nôtre aménage l'Étoile royale. Une « étoile » est un carrefour circulaire d'où s'échappent des allées qui forment sur plan une figure en étoile. En 1808, Napoléon, après avoir ordonné la restauration des statues et des bassins du château, fait planter à l'Étoile royale des peupliers d'Italie, arbres qui rappellent à l'empereur sa campagne transalpine.

Le domaine de Trianon

À l'origine, Trianon est le nom d'un modeste village situé à deux kilomètres du château. En 1668, Louis XIV achète le hameau et s'empresse de le faire raser. Deux ans plus tard, il fait construire le Trianon de Porcelaine, un magnifique pavillon couvert de panneaux de faïence à décor bleu et blanc. Félibien des Avaux, historiographe des Bâtiments du roi, écrit en 1673 : « Ce palais fut regardé d'abord de tout le monde comme un enchantement : car n'étant commencé qu'à la fin de l'hiver, il se trouva fait au printemps, comme s'il fût sorti de terre avec les fleurs du jardin. » Malheureusement, la faïence souffre des hivers rigoureux et se détériore. Le Trianon de Porcelaine n'aura vécu que dix-sept ans. Le roi ordonne sa démolition et commande dès 1687 l'édification d'un nouveau Trianon à Jules Hardouin-Mansart. Ce sublime palais de marbre est doté d'un parc dessiné par Michel II Le Bouteux, un jardinier talentueux qui a épousé la nièce d'André Le Nôtre. Le duc de Luynes écrit qu'« il y avait une quantité prodigieuse de fleurs », et Saint-Simon précise : « rien n'était si magnifiques que ces soirées de Trianon. Les parterres changeaient tous les jours de fleurs et j'ai vu le roi et la cour les quitter à force de tubéreuses dont l'odeur embaumait l'air, mais qui était si forte que personne ne put tenir dans le jardin quoique très vaste. »

Les jardiniers réalisent à Trianon de véritables prouesses horticoles. Ils installent en pleine terre des orangers qui sont protégés en hiver par une structure de bois et de verre. Il est ainsi possible pour les visiteurs de voir sous les fenêtres du monarque des plantes exotiques fleurir et fructifier en été, de quoi prouver au monde entier que le roi ordonne même à la nature de se plier à sa volonté.

À la mort de Louis XIV, la cour déserte Versailles et il faut attendre le retour de Louis XV pour que le Trianon reprenne vie. En 1749, le monarque entreprend la construction du Pavillon français, édifice élégant pour le jeu ou la conversation, d'une nouvelle ménagerie et du Pavillon frais, petite fabrique pour déguster laitages ou produits du potager. Passionné de botanique, il peut ainsi confortablement suivre ses expériences agricoles et accueillir dans les jardins les plus grands scientifiques. Sous l'impulsion de Madame de Pompadour, Louis XV fait construire le Petit Trianon par l'architecte Jacques Ange Gabriel. La favorite décède avant l'achèvement des travaux et c'est la nouvelle maîtresse du roi, la comtesse du Barry, qui l'inaugure en 1768.

Ci-contre : le Grand Trianon. Ci-dessus : le Pavillon français dans les jardins du Petit Trianon.

Les parterres du Grand Trianon

❧ Le Parterre Haut et ses deux bassins en marbre du Languedoc sont ornés de groupes en plomb exécutés par Girardin. Ces œuvres proviennent de la salle des Festins détruite en 1706. Le Parterre Bas est composé de quatre carrés et d'un bassin octogonal. Son centre est décoré de *L'Enfant entouré de raisins* de Marsy.

Le parterre des Quatre Nymphes présente des massifs de plantes vivaces et une collection de vingt-cinq bustes en marbre. À cette liste, il convient d'ajouter le Jardin du Roi et ses arabesques de buis.

Sous Louis XIV, les parterres du Grand Trianon sont, contrairement à ceux du château, fleuris en totalité. Pour que le roi contemple un jardin toujours impeccable, les fleurs sont présentées dans des pots et remplacées sitôt fanées. Les jardiniers cultivent alors quelque 96 000 plantes, des tulipes de Hollande, des narcisses de Constantinople, des giroflées, des coquelourdes, des anémones, des lis blanc, des tubéreuses, des campanules, etc.

Promenades dans le parc de Versailles et le domaine de Trianon

Le parc du Grand Trianon

Vers 1700, Jules Hardouin-Mansart compose le parc du Grand Trianon, un ensemble de bosquets triangulaires séparés par de vastes allées en étoile et bordées d'arbres. Certaines salles de verdure sont alors ornées de bassins qui rendent hommage aux personnages de la mythologie, Flore, Mercure, Diane, etc. Ce parc, d'une surface de vingt-trois hectares, est clos d'un mur d'environ deux kilomètres percé par des sauts-de-loup, de larges fossés qui empêchent les animaux de pénétrer dans la propriété.

Les vieux arbres

Le doyen des arbres de Versailles est un chêne qui vit à deux pas du Grand Trianon. Il est né en 1668 et présente un tronc d'une circonférence de plus de 5 mètres. Il est également possible d'apprécier au pied du Petit Trianon un vénérable Sophora du Japon planté vers 1774. Les jardins de Trianon présentent toujours une dizaine d'arbres contemporains de la monarchie. Ils ont miraculeusement résisté aux tempêtes et sont les témoins vivants de plus de trois siècles d'Histoire.

Un saut-de-loup.

Le Buffet d'Eau.

Hardouin-Mansart installe en 1702 le Buffet d'Eau, fontaine imposante faite de marbres rouges du Languedoc et blancs de Carrare. Les sculpteurs Van Clève, Le Lorrain, Poirier et Mazière participent à sa réalisation. La même année, Louis XIV transforme le boulingrin (renfoncement dont les bords sont formés de glacis en gazon et dont le fond toujours plat est décoré de pièces de gazons ou d'autres ornements) du Plat-Fond en une pièce d'eau où se reflète le marbre rose des colonnes du Grand Trianon.

Les jardins du Petit Trianon

« Madame, ces beaux lieux ont toujours été le séjour des favorites des rois ; ils doivent conséquemment être le vôtre. » C'est par ces mots fort galants que le jeune roi Louis XVI aurait offert le Petit Trianon à son épouse. S'il est permis de douter de l'authenticité de cette anecdote, il ne fait aucun doute que Marie-Antoinette chérissait le Petit Trianon. Deux mois seulement après son accession au trône, elle fait part de son désir d'établir à Trianon un jardin anglais. Elle demande à ce que lui soit présenté sans délai un projet, puis le fait rapidement exécuter par son jardinier Antoine Richard. Dès 1775, les terrassiers creusent une rivière sous les fenêtres du petit château. On plante, les chiffres sont précis, 48 621 arbres et arbustes (lilas, troènes, cerisiers à fleurs doubles, érables, marronniers, magnolias...).

Le 3 septembre 1778, le temple de l'Amour est inauguré. Une statue de Bouchardon représentant *L'Amour taillant son arc dans la massue d'Hercule* est installée sous la coupole. En 1778, l'architecte Richard Mique entreprend la construction du Belvédère, un délicieux pavillon de musique dont le sol est orné d'une mosaïque de marbre et les murs de peintures délicates. Huit sphinges encadrent les portes.

En 1781, Marie-Antoinette peut se promener près du grand rocher d'où s'échappe un torrent qui se jette dans un petit lac. Il a été aménagé non loin une grotte cachée par des arbustes et coiffée par un if qui vit toujours. C'est dans ce lieu qu'un valet détaché par le roi lui demande le 5 octobre 1789 de rejoindre sans tarder le château : la Révolution est aux portes de Versailles.

Ci-contre : le temple de l'Amour. Ci-dessus : le Belvédère. Double page suivante : le Petit Trianon.

Le hameau de la Reine

Marie-Antoinette demande à Richard Mique de lui construire un village d'inspiration normande où elle pourra se détendre loin des contraintes de la cour. Elle s'y distrait et s'entoure d'animaux dont un bouc blanc qu'elle a voulu « gentil ». Le hameau de la Reine est construit de 1783 à 1786. Douze maisons – il n'en reste que dix – sont installées autour d'un lac artificiel creusé en 1784. Chaque chaumière possède une fonction précise : la laiterie de propreté, où la reine savoure quelque fromage, la pêcherie surmontée par la tour de Malborough, une tour de guet, ainsi nommée par les enfants de la reine en référence à la chanson *Malborough s'en va-t-en guerre*. Suivent la maison du garde, le colombier, le réchauffoir, le moulin, le boudoir et la maison de la reine, séparée du pavillon du seigneur par une galerie extérieure. Les balcons et escaliers sont ornés de cache-pot au chiffre de Marie-Antoinette et chaque maison possède un jardinet où sont cultivés fleurs et légumes. À l'écart du hameau, Richard Mique a pris soin d'aménager une ferme avec ses dépendances et ses animaux. En 2002, il est planté à proximité 1 850 pieds de vignes. Ce vignoble n'existait pas sous la monarchie.

Le colombier.

En haut : la tour de Malborough. En bas : le moulin. Double page suivante : le hameau de la Reine.

Les saisons du jardinier

Il n'y a pas de morte saison pour le parc de Versailles et les jardiniers, une cinquantaine d'agents titulaires assistés de contractuels, veillent à présenter aux visiteurs toujours plus nombreux un domaine parfaitement entretenu. Ce personnel a reçu en héritage un domaine qu'il se doit de protéger, d'embellir et de transmettre aux générations futures. Des entreprises privées interviennent également : elles sont principalement chargées de la taille des haies de charmilles et broderies de buis, de l'abattage des arbres morts ou dangereux et de la taille en rideaux des milliers de tilleuls qui bordent les allées.

Au printemps, les jardiniers produisent les 400 000 fleurs et légumes qui vont orner les massifs et tondent chaque semaine

des centaines d'hectares de pelouses.
Pas de vacances en été pour les fleurs qu'il faut désherber, les gazons qu'il faut réensemencer et les milliers d'arbres récemment plantés qui réclament des arrosages fréquents.

À Versailles, les feuilles mortes ne se ramassent pas à la pelle mais avec des engins motorisés. Comment pourrait-il en être autrement pour nettoyer la vingtaine de kilomètres des allées du château et du parc de Trianon.
C'est dans les orangeries ou les serres que les plantes frileuses passent l'hiver au chaud. C'est le moment ou les jardiniers bouturent, sèment, divisent. Dehors, un personnel s'active toujours.

Crédits photographiques

Collection Jean-Baptiste Leroux/château de Versailles, dist. RMN-GP/Jean-Baptiste Leroux : p. 46b ; droits réservés : p. 38-39, 54 ; éditions Artlys/Alain Février : p. 28-29, 53, 57 ; éditions Artlys/Jacques Girard : p. 32h, 32b à gauche, 32b à droite, 41, 56g, 65, 70 ; éditions Artlys/Sophie Lloyd : p. 2, 12-13, 17, 30g, 33, 34, 35, 42b, 43, 44-45, 55, 56h à droite, 56b à droite ; Alain Baraton : 1re de couverture, p. 15, 25, 26, 60-61, 63, 66-67, 68h, 69h, 69b, 76-77, 78h ; Corine Baraton : 4e de couverture (gauche) ; Établissement public du château, du musée et du domaine national de Versailles/Jean-Marc Manaï : p. 18-19, 22-23, 36, 37, 64 ; Établissement public du château, du musée et du domaine national de Versailles/Christian Milet : 4e de couverture, p. 14, 16, 20, 24, 27, 31h, 31b, 42h (les deux), 46h, 47, 52, 58h, 58b, 59h, 59b, 62, 68b, 71, 72-73, 74, 75h, 75b, 78b, 79h, 79b ; RMN-GP (château de Versailles)/Daniel Arnaudet/ Gérard Blot : p. 40 ; RMN-GP (château de Versailles)/droits réservés : p. 6, 48 ; RMN-GP (château de Versailles)/Franck Raux : p. 4 ; RMN-GP (château de Versailles)/Gérard Blot : p.- 8, 9, 10, 11, 30d, 49, 50-51.

Première de couverture : l'Orangerie royale.
Quatrième de couverture : le moulin dans le hameau de la Reine.

Établissement public du château, du musée et du domaine national de Versailles
Directeur du développement culturel : Denis Verdier-Magneau
Chef du service des éditions : Jean-Vincent Bacquart, assisté par Anne Déon

Éditions Artlys
Direction éditoriale : Séverine Cuzin-Schulte
Édition : Karine Barou
Conception et réalisation graphique : LecoeurBarluet
Iconographie : Hervé Delemotte
Fabrication : Pierre Kegels

Photogravure : Axiome
Imprimé le 28 mars 2012 par Comelli (France)
Dépôt légal : avril 2012
ISBN : 978-2-85495-490-6
© Éditions Artlys, Paris/Établissement public du château, du musée et du domaine national de Versailles, 2012.